Dandara Costa

São Cipriano

Rezas e Conjuros

Título
São Cipriano

Rezas e Conjuros

Adaptação: Dandara Costa

Revisão
Yolanda Souto/Fábio Galasso

Capa
Fábio Galasso

Edição e Diagramação
Fábio Galasso

Internacional Standard Book Number
ISBN: 978-65-01-03215-3 / 64 páginas

PARTE I

RESPEITANDO AS LEIS NATURAIS

Advertência!

Conhecer as leis da natureza que agem sobre a causa do retorno devido a própria conduta de cada um, pois o retorno sobre as vibrações, as ações e os atos que produzem e fazem os homens contra os outros e contra si mesmos, produz inúmeras doenças da alma e da carne para que possam ser resgatados em suas próprias consciências, pois muitas das doenças de terra são o próprio resgate de cada ser, contra o que ele mesmo produz de mal. Por isso, nem todo mal vem de fora, muito mal é produção interior de cada ser, que vive mais afundado nas coisas ruins sobre energias más e negativas do que o próprio mal que possam lhe ter atirado.

Observa-se que muitos sacerdotes antes de conhecer a verdadeira causa das moléstias e danos espirituais, logo iniciam suas conjurações, rezas e feitiços contra espíritos que em nada são culpados, adquirindo assim penalidades espirituais para ambos, tanto para ele quanto para quem está enfermo, causando assim novas dívidas espirituais que talvez jamais possam ser pagas, uma vez que muitos dos feitiços e magias contra espíritos malignos em nada atinge estes espíritos, porém os mesmos passam a ter débitos espirituais contra estes que lhes perturbam e que em algum momento espiritual poderão pedir o retorno daquilo que lhes devem, pois esta é a lei que desconhecem.

Os que supostamente são o mal e fazem o mal, ficam a rodiar quem lhes deve até que suas dívidas sejam pagas, assim causando danos e doenças a quem lhes perturbam, uma vez que suas vibrações baixas naturalmente desajustam as energias que os homens devem ter.

Rogo firmemente aos religiosos e sacerdotes que estudem com precisão estas instruções e compreendam os esforços que os espíritos bons fazem para lhes dar direção e caminhos, se sigam antes de criar fontes de energias negativas e diabólicas, as instruções e ensinamentos daqueles que buscam direcionar todos os homens aos caminhos de Jesus Cristo, para que todos sejam salvos e direcionados a suas eternas moradas quando o tempo chegar. Havendo entender que tudo o que fazemos e construímos seja bom ou mal, contra nossos irmãos de fé e principalmente aqueles que vos procuram por já estarem em total desajuste e energias ruins, sejam feitos em nome de quem lhe conduz ao nosso Senhor Jesus, a quem jamais devemos ofender ou renegar a sua fé e caminhos de luz.

Orientação aos religiosos e feiticeiros sobre os rituais, rezas e conjuros

É importante saber que nem toda reza e invocação é sagrada e nem todos os que atuam no "sagrado", estão em busca de evolução e ações sagradas para fazerem o bem. Antes de iniciar suas atividades tenham em mente o que se deseja fazer e o por que; se o que deseja fazer trará benefícios para si e para os demais a sua volta, pois as leis do retorno buscam devolver a cada um o que lhe é devido por merecimento, uma vez que o plantio é livre, porém, a colheita é obrigatória e a lei do retorno também atua sobre as mãos dos mais severos ceifadores.

PARTE II

QUEM FOI CIPRIANO?

De codinome “Feiticeiro”, seu nome verdadeiro era Tascius Caecilius Cyprianus. Segundo as histórias e lendas, acredita-se que ele tenha nascido no ano de 250 d.C, em Chipre e vivido da Antioquia- região da Ásia que hoje pertence à Turquia.

Na época, essa região era conhecida pelos hábitos devassos e depravados da maioria de seus habitantes que viviam em busca de prazeres mundanos e feitiçarias, regozijando--se a deuses pagão e extravagantes oferendas de animais aos demônios. Seus costumes eram tão baixos que por inúmeras vezes chegaram a causar grande preocupação às administrações imperiais de Roma e seus governantes.

Nascido em uma família rica e de crenças pagãs assim como a maioria dos religiosos daquela cidade, ele seguiu os caminhos da feitiçaria e das ciências ocultas em busca de conhecimento, poder e admiração através das magias negras.

Segundo as histórias, aos 7 anos ele já era considerado um jovem mago que conseguia invocar ventos e trovões, e também como formar tempestades marítimas e terrestres já demostrando seu domínio de poderes ocultos. Na fase adulta, foi um homem que viajou por muitos países, como Egito e Grécia, aprendendo e ensinando feitiçaria e magias. Aos trinta anos decidiu ir para a Babilônia para conhecer a cultura oculta dos Caldeus.

A VIDA OCULTA DE CIPRIANO

Este homem que ficou conhecido posteriormente como o Bruxo, nasceu na cidade de Antióquia. Antioquia era uma cidade antiga erguida na margem esquerda do rio Orontes na Turquia, entre a Síria e a antiga Arábia.

Seus pais observando a paciência e o dom para com as pessoas o destinaram para o sacerdócio aos deuses pagão, assim como era o costume. Logo ele aprendeu e praticava com tamanha maestria rituais de sacrifícios e ofertas aos deuses de maneira que nem um outro podia fazer.

Filho de Edeso, (pai), e Cledónia , (mae), Cipriano nutria uma vocação pelos estudos místicos e religiosos. Dedicou a sua vida ao estudo das ciências ocultas e de mistérios, então, ficou conhecido pelo nome de o «feiticeiro».

Cipriano alcançou grande fama e o seu nome foi reconhecido enquanto um poderoso feiticeiro, capaz de grandes prodígios

Por volta dos trinta anos de idade Cipriano fez uma viagem a Babilônia para aprender numerologia, rituais e os mistérios dos antigos caldeus, assim aumentando seu conhecimento e pratica sobre magias e mistérios ocultos. Foi nesta época em que ganhou ainda mais conhecimento e fontes de magias e poder em relação aos demônios e crenças diabólicas daquele povo e região.

Mas ao mesmo tempo em que buscava conhecer os segredos e as formas de comunicação com os deuses e mistérios espirituais através de rituais sagrados Cipriano mantinha uma vida desregrada cheia de abusos, libertinagem, prazeres mundanos e totalmente desregrada para um sacerdote.

PARTE III

ORAÇÕES DE HORAS ABERTAS

Recomendação aos Religiosos

As antigas escolas iniciáticas ensinavam que todo ajuntamento de pessoas com ideal religioso e ritualístico gera uma egrégora real. Os antigos, magos e bruxos conheciam esse poder de força, e por esse motivo juntavam as energias das forças que os católicos consideravam sagrado com as forças que eles mesmos consideravam profano para gerarem uma gigantesca fonte de energias a ser utilizada em seus rituais espirituais.

Por considerarem a igreja católica uma enorme "fonte de energia" espiritual oculta, uma vez que parte de suas cerimônias, dogmas e ritualísticas, assim como o exorcismo não são públicos, porém cumprem ordens ocultistas de maneira ampla. Eles consideravam verdadeiramente a igreja católica um "vaso" rico em egrégora para se trabalhar com todo tipo de feitiçaria. Por isso mesmo, uniam orações, similaridades ritualísticas, evocações, imagens de santos e corpo espiritual, para trabalhos de feitiçarias inimagináveis.

Antigas rezas utilizadas por Cipriano na hora certa

Antes de qualquer trabalho com energias o que inclui rezas e conjuros, deve o iniciado ou bruxo seguir alguns atos sagrados, como por exemplo se recolher em local apropriado ou consagrado aos espíritos para que tenha uma maior conexão entre os dois mundos. Jamais inicie uma reza ou conjuro contra alguém se estiver tomado de raiva ou irá, pois estas energias podem se voltar contra quem as ordenou. O bom feiticeiro deve conhecer exatamente cada portal energético e cada fonte de energia que ele atua e por isso, nunca direcionar energias densas contra alguém da qual se tenha alguma desavença ou desafeto é o caminho para que nunca seja tomado por nenhuma fonte de energia desconhecida, pois a falta de conhecimento pode levar a duras chagas e até morte.

Todo trabalho astral deve iniciar com uma reza, e toda reza deve iniciar com uma abertura de portal ou campo de atuação, isso quer dizer, a vibração correta conforme aquilo que se pede ou deseja. Caso contrário o feiticeiro não abrirá uma fonte de energia para direcionar os pedidos e desejos durante a sua invocação.

Os símbolos são necessários como forma de marcar o perímetro de onde este feiticeiro se encontra em campo terreno e ao mesmo tempo fundir as energias dos dois mundos. Isso porque muitos espíritos, conhecedores daqueles símbolos irão se guiar através dos símbolos para que essa conexão seja feita.

Uma das recomendações mais importantes é: nunca ensine estas rezas ou as utilize sem preparo ou uma ordem espiritual, pois assim como nem todos são devedores astrais nem todos devem ser condenados por suas mãos. E rezas em poder de pessoas erradas, é o mesmo que o conhecimento em mãos erradas, além de não trazer o resultado desejado, o tornará um devedor espiritual

A necessidade de recorrer as invocações ou conjuros para conseguirmos o que desejamos ou para combater algum mal ou ainda, os inimigos e pessoas que demandam contra aqueles que nada fizeram deve ser real e com muita confiança no que estas invocando, caso contrário nada surtirá efeito, e o pior será a carga que o feiticeiro irá carregar contigo; pois o mesmo se tornará um portal aberto jorrando energias danosas e destruindo tudo por onde passar, acreditando que esta fazendo algum bem.

A fim de obter bons resultados, o iniciado que deseja se tornar um bom feiticeiro e operar as magias ocultas, este deve se preparar com os elementos e símbolos necessários para que possa dominar as energias e praticar sempre o bem.

Recomenda-se que o aprendiz deve ter além de um local adequado e preparado para suas rezas, invocações e conjuros, que saiba manipular os elementos como pedras, água, fogo e instrumentos sacralizados para tal ato sagrado.

Conjuros com intenções negras como por exemplo devolver alguma demanda energética contra alguém ou expulsão de espíritos que assombram casas ou pessoas, devem sempre ser acompanhadas com uma cruz de cabeça para baixo, velas pretas, pregos enferrujados e símbolos como pentagramas voltados para o norte (para cima) . Para um bom trabalho deve o aprendiz das magias ocultas conhecer bem como os elementos devem ser utilizados.

Conjuros com intenções brancas como por exemplo a cura de alguém ou animal que tenha sido picado de cobra ou invocação de espíritos dos mortos devem ser sempre acompanhados de um punhal de uma cruz ou crucifixo, sal grosso, água benzida ou velas brancas, conforme a necessidade ritualística, e sempre voltado para o norte.

Mas o mais importante é saber que toda reza ou conjuro deve vir acompanhada de uma invocação que são as orações conforme as horas do dia que se seguem no momento dos trabalhos. E quando houver a real necessidade de conjuração onde o aprendiz das magias ocultas não tenha muito conhecimento sobre as ciências mágicas e ocultas, este deve se valer das rezas das horas para que esteja sobre a proteção astral e divina.

Oração das horas abertas
Rezar ao Meio-Dia

Ó Virgem dos céus sagrados, Mãe do Nosso Redentor, que entre as mulheres tens a palma, Traze alegria à minha alma, que geme cheia de dor. E vem depor nos meus lábios Palavras de puro amor, em nome do Deus dos Mundos E também do Filho Amado, Onde existe o sumo bem. Sê para sempre louvada nesta hora bendita. Amém.

Santíssima Trindade me acompanhe em toda a vida na Terra, Sempre me guarde do mal, De mim tenha piedade. m Pai Eterno me ajude, em Filho a bênção me lance, m Espirito Santo me alcance, Proteção, honra e virtude, em vez do mal, faça-se em mim, Santíssima Trindade me ilumine e acompanhe nesta hora e sempre. Amém.

Nesta hora de grande vibração. Quando os pássaros cantam, procurando os ninhos, Quando os trabalhadores deixam o arado e os campos e o homem da cidade volta também para casa. Minha Mãe, sublime mistério. Sê a minha Medianeira; Sê 3 minha Esperança, e mostra-me o caminho da Verdade, Maria, sublime mistério. Ajuda-me a ser bom. Protege-me na hora das aflições, da rotina, das lutas, Pela força da

TRINDADE, Ó Mãe, Maria Medianeira.

Nesta hora perigosa. Ó Anjo de minha guarda. Gênio Protetor que me acompanha, Me livre das visões do mal, sonho aterrador, Com Deus eu me deito, com Deus me levanto, com a graça de Deus e do Espírito Santo. Amém.

Grande vibração Para as Seis Horas

Nesta hora de grande vibração, quando os pássaros cantam, procurando os ninhos, quando os trabalhadores deixam o arado e os campos. E o homem da cidade volta também para casa, minha Mãe, Sublime Mistério. Sê a minha Medianeira. Sê a minha Esperança. E mostra-me o caminho da Verdade. Maria, Sublime Mistério, ajuda-me a ser bom. Protege-me na hora das aflições, da rotina, das lutas, pela força da Trindade, Ó Mãe, Maria Medianeira.

Oração de Trindade
Rezar às Três da Tarde

Santíssima Trindade me acompanhe em toda a vida na Terra, Sempre me guarde do mal. De mim tenha piedade ó Pai Eterno me ajude, ó Filho a bênção me lance. Ó Espírito Santo me alcance. Proteção, honra e virtude, em vez do mal, faça-se em mim, Santíssima Trindade me ilumine e acompanhe nesta hora e sempre. Amém.

Em hora perigosa
Rezar à Meia-Noite

Nesta hora perigosa, ó Anjo de minha guarda. Gênio Protetor que me acompanha. Me livre das visões do mal, sonho aterrador. Com Deus eu me deito, com Deus me levanto, com a graça de Deus e do Espírito Santo. Amém.

PARTE IV

ANTIGAS FORMAS DE CONJUROS E ORAÇÕES RARAS

Acredito que seja importante esclarecer que algumas formas de práticas de bruxarias antigas iniciavam-se através de invocações e rezas conjuradas oferecidas aos espíritos, como forma de unir forças entre os dois mundo. Neste livro você poderá ter acesso a algumas dessas orações e magias destinadas apenas aqueles que tinham como tradição a feitiçaria e a bruxaria também como forma de ritualística sagrada.

Agora você terá acesso a alguns segredos mágicos que consideramos de total perigo nas mãos de quem não possui preparo e conhecimento para tais rezas e palavras invocadas.

Exorcismos e Conjuros através de Rezas Antigas

Oremos em nome dos bons espíritos:

Deus misericordioso, Deus clemente, Deus que segundo a grandeza de vossa infinita misericórdia perdoai os pecados deste espirito que tem dor de os haver cometido, e lhe dai literal absolvição das culpas e ofensas passadas; ponde os olhos da vossa piedade neste vosso servo que anda neste mundo a penar; abri-lhe, Senhor, as portas do céu, ouvi-o propicio e concedei-lhe o perdão de todos os seus pecados, pois de todo o coração volo pede por meio de sua humilde confissão, Renovai e reparti, ó Pai piedosíssimo, as quebras e ruínas desta alma, e os pecados que fez e contraiu ou por sua fraqueza, ou pela astúcia e engano do demônio, Admitio e incorporai-o no corpo de vossa Igreja triunfante, como membro vivo dela, remido com o sangue piedoso do vosso Filho; compadecei-vos, Senhor, dos seus gemidos, que as suas lágrimas e os seus soluços vos movam, que as suas e nossas súplicas vos enterneçam, Amparai e socorrei a quem não tem posto sua esperança senão na vossa misericórdia, e admiti-o em vossa amizade e graça, pelo amor que tende a Jesus Cristo, vosso amado Filho, que convosco vive e reina por todos os séculos dos séculos. Amém, alma, que andas a expiar as tuas faltas, te encomendo a Deus Todo Poderoso, irmão meu caríssimo, a quem peço te ampare e favoreça como criatura sua, para que, acabando de pagar com a morte a punição desta vida, chegues a ver o Senhor todo soberano artífice, que do pó da terra te formou; quando tua alma sair do corpo, te saia a receber o exército luzido dos santos anjos para acompanhar-te, defender-te e festejar-te; o glorioso colégio dos santos Apóstolos te favoreça, sendo juízes defensores da tua casa; as triunfadoras legiões dos invencíveis mártires te amparem, a nobilíssima companhia dos i lustres confessores te recolha no meio, e com a suave fragrância dos I (rios e açucenas que trazem nas mãos, símbolo da fragrante suavidade de suas virtudes, te confortem; os coros das santas virgens, alegres e contentes, te recebam; toda aquela bem-aventurada companhia celestial e cortesãos com estreitos abraços de verdadeira amizade te deem entrada no seio glorioso dos Patriarcas; a face do teu Redentor Jesus Cristo se te represente piedosa e aprazível e ele te dê lugar entre os que para sempre assistem em sua presença. Nunca chegues a experimentar o horror das trevas eternas, nem os estalos de suas chamas, nem as penas que atormentam os condenados. Renda-se o maldito satanás com todos os seus aliados, e ao passardes por diante deles, acompanhado de anjos, trema o miserável e retire-se temeroso às espessas trevas de sua escura morada.

Vai, alma; acabe-se o teu martírio, que já não pertences a este mundo corporal, mas sim ao celestial! Livre-te Deus, se é em teu favor, e desbarate todos os inimigos que te aborrecem; fujam da sua presença, desfaçam-se como o fumo no ar e como a cera no fogo, os rebeldes e malditos demônios, seguramente à mesa de seu Deus. Confundam-se e retirem-se afrontados os exércitos infernais, e os ministros de satanás não se atrevam a impedir o teu caminho para o céu, livre-te Cristo do inferno, que por ti foi crucificado, livre-te desses tormentos em que andas neste mundo a atormentares e a seres atormentado.

Cristo, que por ti deu a vida, ponha-te Cristo, Filho de Deus vivo, entre os prados e florestas do Paraiso, que nunca se secam nem se murcham, e como verdadeiro pastor te reconheça como ovelha do rebanho, Ele te absolva de todos os teus pecados, e te assente à sua mão direita entre os escolhidos e predestinados; faça--te Deus tão ditoso, que assistindo sempre em sua presença, conheças com bem-aventurados olhos a verdade manifesta de sua divindade, e em companhia dos cortesãos do céu gozes da doçura da sua eterna contemplação por todos os séculos, Amém.

Oração Para Livrar o Enfermo do Poder de Satanás

Senhor meu Jesus Cristo, dou-vos infinitas graças, pois pelos merecimentos de vossa paixão santíssima, de vosso precioso sangue, e por vossa bondade infinita Vos dignaste livrar--me do demônio, ou feitiços e de seus malefícios; e assim vos peço, e suplico agora, vos digneis de preservar-me e guardar-me para que o demônio daqui por diante não possa jamais molestar-me de modo algum, porque eu pretendo e quero viver e morrer debaixo da proteção do vosso santíssimo nome. Amém.

Oração Para Assistir aos Doentes na Hora da Morte

Esta oração de S. Cipriano é tão eficaz conforme afirma seus antigos manuscritos, que nenhuma alma se perde quando é dita com devoção e fé em Jesus Cristo.

Diz São Cipriano que é de tanta virtude esta oração, que de todos os enfermos a quem a lia tirava um cabelo da cabeça e o lançava dentro de um vidro d'água, para com esta água lavar as chagas dos doentes, cujas moléstias eram incuráveis pela medicina, lançando lhe uma gota e dizendo:

Eu, Cipriano, te curo em nome do Pai, do Filho e do Espírito Santo. Amém.

Jesus, meu Redentor, em vossas mãos, Senhor, encomendo a alma deste servo, para que vás, Salvador do mundo, a leveis para o céu na companhia dos anjos.

Jesus, Jesus, Jesus seja contigo para que te defenda; Jesus esteja na tua alma, para que te sustente; Jesus esteja diante de ti para que te guie; Jesus esteja na tua presença para que te guarde; Jesus, Jesus reina, Jesus domina, Jesus de todo o mal te defenda. Esta é a cruz do Divino Redentor: fugi, fugi, ausentai-vos, inimigo das almas, remidas com o sangue preciosíssimo de Jesus Cristo.

Jesus, Jesus, Jesus, Maria, Mãe de Graça, Mãe de Misericórdia, defendei-me do inimigo e amparai-me nesta hora. Não me desampareis, Senhora, rogai por este vosso servo (fulano) a vosso Amado Filho, para que com vossa intercessão saia livre do perigo de seus inimigos e das suas tentações.

Jesus, Jesus, Jesus: De vás, meu Deus, lhe há de vir até o remédio; não lhe negueis a vossa graça nesta hora, pois eu (fulano), vos chamo, ó Deus Poderoso, para que venhais sem demora receber esta alma nos vossos santíssimos braços; vinde em seu socorro, assim como viestes em socorro de Cipriano quando estava em batalha com Lúcifer.

Jesus, Jesus, em vossas mãos, meu Deus, ofereço e ponho o meu espírito, que justo é que torne a Vós o que de Vós recebi; sede, pois, por nossa alma, justo e salvai das trevas.

Defendei-a, Senhor, de todos os combates, para que eternamente vá contar no céu as vossas infinitas misericórdias.

Misericórdia, dulcíssimo Jesus; misericórdia, amabilíssimo Jesus; misericórdia e perdão para todos os vossos filhos, pelos quais sofrestes na cruz. É, pois, justo que nos salvemos. Amém.

Oração Para Entregar a Alma do Doente

Esta oração é tão eficaz para que o espírito seja curado espiritualmente e direcionado a sua eterna morada, esta oração ou entrega de alma deve ser feita diante da hora da morte e diz S. Cipriano, que nenhuma alma se perde quando é dita com devoção e fé em Jesus Cristo.

Diz S. Cipriano, que é de tanta virtude esta oração, que de todos os enfermos a quem a lia tirava um cabelo da cabeça e o lançava dentro de um vidro d'água, para com esta água lavar as chagas dos doentes, cujas moléstias eram incuráveis pela medicina, lançando lhe uma gota e dizendo:

- Eu, Cipriano, te curo em nome do Pai, do Filho e do Espírito Santo. Amém.

Oração de São Cipriano Contra Quebranto

Sinal da Cruz

"Deus, atendei ao meu pedido, vinde em meu socorro. Vinde ajudar-me. Confundidos, sejam envergonhados os que buscam a minha alma (fazer o sinal da Cruz).

Voltem atrás e sejam envergonhados os que me desejam o mal. Voltem logo cheios de confusão os que me dizem: Bem, bem (fazer sinal da Cruz).

Regozijem-se e alegrem-se em Vós os que vos buscam, e os que amam vossa sal-

vação, digam sempre: Engrandecido seja o Senhor (fazer o sinal da Cruz).

Vós sois o meu favorecedor e o meu libertador, Senhor Deus não Vos demoreis.

Glória ao Pai, ao Filho e ao Divino Espírito Santo".

Assim seja!

Oração Para Trazer o Corpo Fechado, a Qual Deverá Sempre ser Trazida com a Pessoa

"Fulano, Deus adiante e paz na guia, encomendo-lhe a Deus e à Virgem Maria.

Dê lhe a companhia que deu a Virgem Maria quando foi de Belém para Jerusalém, o corpo de Cristo lhe guarde, o sangue de Cristo lhe salve, o leite da Virgem Maria lhe conforte. São Bartolomeu e os santos apóstolos lhe acompanhem e lhe livrem de todo o mal e do perigo, com as armas de meu Senhor Jesus Cristo ande armado, com a espada de São Pedro cingido, com o sangue do lado de meu Senhor Jesus Cristo banhado para que o seu corpo não seja preso nem injuriado, nem seu sangue derramado. Os bons lhe enxerguem e os maus não lhe vejam, nem ao pé de ti cheguem. Deus lhe dê a companhia que deu a Virgem Maria quando foi de Belém para o Egito. Deus lhe guarde tão bem guardado como foi nosso Senhor guardado no ventre de sua Mãe Maria Santíssima e com a capa de Abraão andes coberto. Amém. Lembrai-vos, ó piedosíssima Virgem Maria que nunca se ouviu dizer que todos que a Vós têm recorrido fossem por Vós abandonados. Animada de uma tal confiança corro e venho a Vós, gemendo debaixo do peso dos meus pecados, me prostro aos vossos pés, não desprezeis as minhas súplicas, ó mãe do Verbo humanado, mas dignai ouvir propícia o que vos rogo. Amém. Ó Maria Concebida sem pecado, rogai por nós que recorremos a vós. São José, São Luiz de Gonzaga, Santa Rosa, rogai por nós".

Oração Para Afastar Assombrações

Este conjuro deve ser utilizado apenas em caso de espíritos que estejam assombrando as casas e as pessoas que por vontade própria não possuem ensinamento ou doutrina para os fazerem deixar o lugar em busca de caminhos de paz.

Eu, filho ainda errante em terra, rogo-te como meu único e verdadeiro senhor que possa em sacrifício de dor, diante do manto de nosso Senhor Jesus Cristo, olhar através da luz, porque a ti, entrego em vossas mãos a alma deste servo, para que vás em busca das leis dos Santos em nome do nosso Senhor. Em nome deste também vosso filho, pouco conhecedor da vossa infinita bondade e virtude, pois tendo ele atravessado longos dias em escuridão em poder das ordens das trevas, amaldiçoando o sangue e maldizendo a cruz apresenta-se caído aguardando em misericórdia a entrega de sua própria alma ao seu destino. Conduza-o o Luz infinita, onde os bons o aguardam de braços abertos.

Vá, vá oh alma desgarrada, vá em busca de seu destino e sua verdadeira morada, onde possa servir de caridade para aqueles que em nome de deuses ainda derramam sangue e pisam em brasas de olhos vendados.

A ti entrego o Senhor, filho de Deus porque Jesus caminhando diante de ti, lhe mostrará a vossa casa de cura da alma ajoelhado implorando a vossa paz.

Jesus, Jesus, Jesus seja contigo agora e nas horas de aflição, que o vosso manto o defenda, proteja e guarda lhe direcionando os caminhos a casa santa. Que reconheçam a presença santa daquilo que é santo e ainda que o medo o perturbe que possa ter domínio sobre vossas necessidades porque agora será acolhido e recebido em campo santo e em campo sangrado de onde a Luz não mais o deixará sofrer.

Assim, siga oh espírito, siga o vosso caminho em busca da cura, da paz e dos caminhos que a ti um dia foram desejados em nome de nosso Senhor Jesus Cristo. Que a justiça seja a lei e que a casa de Deus seja a vossa eterna morada. Amém.

PARTE V

Sobre Fantasmas que Aparecem nas Encruzilhadas

Encruzilhadas são pontos de cruzamentos de energias e nestes pontos encontram-se energias densas ou negras acumuladas. Algumas civilizações mais antigas, reconheciam as encruzilhadas como locais de encontro com o mundo dos espíritos e de assombrações, e por isso, foram as tradições das várias civilizações que reconhecem as encruzilhadas como locais de encontro com o mundo dos espíritos e das assombrações e, por isso, foram edificados nestes locais toda uma grande variedade de monumentos, tais como pedras, menires, obeliscos, altares ou capelas.

Que São Fantasmas?

Segundo os feiticeiros, fantasmas são visões que aparecem a certos indivíduos fracos de espírito e pouco crentes nos espíritos ou na vida após a morte. Porém os espíritos aparecem de fato aos crentes e seres espirituais e não aos incrédulos, porque nisso nada aproveitam de suas visões, antes pelo contrário, recebem maldições dos que os visitam.

Ah! Que será daqueles que assim o fizer, infeliz deste mundo, que não tratou senão de escarnecer dos servos do Senhor, que vêm a este mundo buscar alivio e encontram penas? Dobram-se lhe as dores e os tormentos!

Ah! Que será de vós no dia em que fordes sentenciados diante do juízo? Se não tiverdes bons amigos que tenham pedido por vós ao Juiz supremo, se não tiverdes amigos, sereis punidos com todo o rigor da justiça. Pois cultivai bons amigos para que naquele dia tremendo eles roguem ao Criador por vós; fazei como faz o lavrador que, para colher no S. Miguel muito fruto, deita na terra bons elementos.

Notai bem meus irmãos, estas palavras não são obra do bicho de penas, mas sim inspiradas fortemente de um coração em Deus! Quando vos aparecer uma visão, não a esconjureis, porque então ela vos amaldiçoará, porque tenham certeza que se algo vos encontrou é porque vos buscou em ti algo que necessitava, se acaso a desejar o mal, ela vos desejará de volta, quando sentirdes uma visão, recorrei à oração que este livro vai mencionar, com o título: Oração pelos bons espíritos

Porque logo aliviareis aquele mendigo que busca esmolas pelas pessoas caritativas. Vejam irmãos, o diabo poucas vezes aparece em fantasma, porque os demônios eram anjos e não têm corpos para se revestir; por isso vos recomendo que quando virdes um fantasma em figura de animal, então é certo ser demônio, e deveis conjurá-lo e fazer-lhe uma cruz. Mas se o fantasma for em figura humana, não é o demônio, mas sim uma alma que busca alivio às suas penas.

Deveis logo fazer esta oração, porque não perdeis nada com a bondade disso, pois que aquela alma que vás livrastes das asas das trevas é convosco sempre que a chamardes.

Não vos firmeis em mim; fazei a experiência e depois vereis. Orai, orai por esses desgraçados espíritos e invocai-os em todos os vossos negócios e em tudo que vos aprouver, que sereis bem sucedido.

Feliz da criatura que é perseguida pelos espíritos, porque é certo que essa pessoa deva ser boa criatura e por isso, os espíritos perseguem para que ela ore ao Senhor por eles, que é digna de ser ouvida do Criador. É por esta razão que uns são mais perseguidos pelos fantasmas, porque estes buscam refúgio bendito.

Ora, há muitos espíritos que não aparecem em fantasmas, mas aparecem nas casas dos seus parentes fazendo de noite barulho, arrastando cadeiras, mesas, batendo portas e tudo quanto há na casa; num dia matam um porco, no outro dia uma vaca, e assim corre tudo para trás naquela casa (por falta de inteligência dos moradores), porque se recorressem logo às orações, ficariam livres do espirito e fariam também uma obra de caridade, e no último dia da sua vida lhes seriam abertas as portas do céu por reconhecimento de vossas obras.

ORAÇÃO PELOS BONS ESPÍRITOS LEVADAS A DEUS E DEIXAR A CRIATURA EM PAZ

Oração pelos bons espíritos

Sai, alma cristã, deste mundo, em nome de Deus Pai Todo Poderoso, que te criou; em nome de Deus vivo, que por ti padeceu; em nome do Espirito Santo, que copiosamente se te comunicou. Aparta-te deste corpo ou lugar em que estás, porque Deus te recebe no seu reino; Jesus, ouve a minha oração e sê meu amparo, como é amparo dos santos, anjos e arcanjos; dos tronos e dominações, dos querubins e serafins; dos Profetas, dos santos Apóstolos e dos Evangelistas; dos santos Mártires, Confessores, Monges, Religiosos e Eremitas; das santas Virgens e esposas de Jesus Cristo e de todos os santos e santas de Deus, o qual se digne dar-

-te lugar de descanso, e goze da paz eterna na cidade santa da celestial Sião, onde o louves por todos os séculos. Amém.

REZAS E ORAÇÕES DE SÃO CIPRIANO

Oração de São Cipriano.

Em nome de Deus, Eu invoco a São Cipriano. Rezo e carrego com minha devoção. Livra-me de todo perigo e dano do próximo. Dirige-me com toda segurança em minhas viagens. Aparta de mim o perigo e todos os danos que me rodeiam. Concede-me, poderoso Santo, que levando em meu corpo esta oração, esteja sempre livre de qualquer perigo. Bendito seja o Pai. Bendito seja o Filho. Bendito seja o Espírito Santo.

Oração de São Cipriano ao Senhor do Mundo

"O senhor conhece o caminho dos justos; o caminho dos pecadores perecerá". Vós, São Cipriano, conheceis os caminhos dos que obram maldades. Sois justo, sábio, prudente e caridoso. Arrependido dos meus pecados, ajoelho-me aos vossos pés. Errei, pequei, cego andei pelos caminhos do erro. Sois justo, sábio, prudente e caridoso. Confio em vossa intercessão, junto a Misericórdia divina, para o perdão de minhas faltas. Preservai-me, São Cipriano, das tentações e insídias dos espíritos das trevas, dos ataques dos demônios e seus servidores. Limpai minha mente dos maus pensamentos, purificai o meu coração dos meus sentimentos, a minha boca das más palavras. Afugentai de mim os obsessores, os espíritos malignos, enviados

por Satanás. Glorioso Mártir, São Cipriano, afastai de mim, da minha casa, de minha família, os espíritos a serviço das criaturas perversas, aliadas do demônio, anulando as obras ruins, de feitiçaria ou bruxedos.

Assim seja"

Oração para pedir a Deus pelos espíritos bons

Sai, alma cristã, deste mundo, em nome de Deus Padre Todo Poderoso, que te criou, em nome de Jesus, do Espírito Santo, que copiosamente se te comunicou. Aparte-te deste corpo, ou lugar em que estás, porque Deus te recebe no seu reino; Jesus, ouve a minha oração e sê meu amparo, como és amparo dos santos, anjos e arcanjos; dos tronos e dominações; dos querubins e serafins; dos profetas, dos Santos Apóstolos e dos Evangelistas; dos Santos Mártires, Confessores, Monges, Religiosos e Eremitas; das santas Virgens de Deus, o qual se digne dar--te lugar de descanso, e gozes da paz eterna, na cidade santa, celestial Sião, onde o louves, por todos os séculos. Amém. Obs.: Deve rezar-se esta oração em qualquer lugar que seja preciso, ou onde ande algum espírito ou fantasma.

PARTE VI

ORAÇÕES E CONJUROS DE SÃO CIPRIANO PARA AS HORAS DE AFLIÇÕES

Oração de São Cipriano contra feitiçarias, bruxedos, malefícios e práticas diabólicas.

Assim falou o Senhor Deus ao Rei Davi: “Guardai vossa língua do mal e vossos lábios da mentira. Desviai-nos do mal e fazei o bem, buscai a paz e segui-a. Os olhos do Senhor estão sobre os justos e seus ouvidos atentos aos seus clamores.” Assim seja. Bem-aventurado São Cipriano, a graça e Nosso Senhor Jesus Cristo, tocou o vosso coração afastando-vos da estrada de perdição e conduzindo-vos pelo caminho da prática da caridade e da virtude, que leva à salvação eterna. Iluminado pelo Espírito Santo, a vossa ciência profana transformou-se em divina. A graça de Deus manteve-se convosco, bem--aventurado São Cipriano, e assim, conhecedor das artes do demônio, viestes a possuir as virtudes que anulam os malefícios com a qual defendeis os servos de Deus. Confiado portanto em vossa sabedoria e bondade, venho implorar a vossa proteção contra quaisquer malefícios, bruxedos, invocações, nigromancias, que bruxos ou bruxas, e adivinhos, homens ou mulheres, em qualquer lugar, em qualquer hora do dia ou da noite, possam experimentar para causar--me mal, em minha pessoa, em meus parentes ou meus bens.

Guardai-me, Bem-aventurado São Cipriano, das investidas de Satanás, dos seus agentes, invisíveis ou visíveis. Vigiai minha casa, protegei-me a mim e a toda minha família. Inspirai-me bons sentimentos e puros pensamentos, afastando-me dos falsos amigos e dos inimigos desconhecidos ou conhecidos. Bem-aventurado São Cipriano, assim como fostes beneficiado coma misericórdia, assim eu vos peço, sinceramente, influir em meu coração para que eu conheça a vontade de Deus e não me asaste dos seus mandamentos. Intercedei junto a Nosso Senhor Jesus Cristo para que eu mereça a vossa proteção, resguardando-me de influências nefastas eu possa em paz honrar e amar a Deus que está nos céus. São Cipriano, zelai por mim. São Cipriano, defendei-me. São Cipriano, orai por mim. Assim seja.

Oração Contra Maus Espíritos

Esta antiga oração também deve ser utilizada contra olho-gordo e invejosos com muita fé e devoção para que o mal não mais tenha olhos contra ti.

Nosso Senhor Jesus Cristo, Filho de Deus Vivo, ouvi minha oração. O Puríssimo Espírito de Jesus, foi, é e será o vencedor de todos os meus inimigos e de todos os adversários dos que amam e crêem em Jesus Cristo. Jesus Cristo reina, Jesus Cristo impera, Jesus Cristo governa por todos os séculos dos séculos. Assim seja.

Oração ao Santo Anjo da Guarda

Em nome do Pai, do Filho e do Espírito Santo. Senhor Deus Todo Poderoso, Criador do Céu e da Terra, louvores Vos sejam dados por todos os séculos. Assim seja. Senhor Deus, que por vossa imensa bondade e infinita misericórdia, confiaste cada alma humana a cada um dos Anjos de Vossa Corte celeste, graças Vos dou por essa imensurável graça. Assim, confiante em Vós e em meu Santo Anjo da Guarda, a ele me dirijo, suplicando-lhe velar por mim nesta passagem de minha alma, pelo exílio da Terra. Meu Santo Anjo da Guarda, modelo de pureza e de amor a Deus, sede atento ao pedido que Vos faço. Deus, meu Criador, e Soberano Senhor a quem servis com inflamado amor, confiou à vossa guarda a vigilância a minha alma e meu corpo, a minha alma, a fim de não cometer ofensas a Deus, o meu corpo, a fim de que seja sadio, capaz de desempenhar as tarefas que a sabedoria divina me destinou, para cumprir missão na Terra. Meu Santo Anjo da Guarda, velai por mim, abri-me os

Antiga Prece de Arrependimento

Ó Jesus, piedoso senhor, torna-te mim, teu servidor, e perdoa-me a minha culpa e o meu erro, que fiz contra ti, eu, mesquinho pecador. Torna-te a mim, perdoa os meus pecados, ó mui piedoso, e não sejas muito queixoso contra mim, mas com misericórdia, torna-te a mim.

Oração a São Marcos para Abrandar Inimigos

São Marcos, me marque! São Manso, te amanse! Jesus Cristo, te abrande o coração e me aparte do mau. O Sangue de Cristo entre mim e meus inimigos. Que meu inimigo não tenha cólera contra mim, assim como São Marcos e São Manso foram ao monte e havia no monte touros bravos e mansos cordeiros e os fizeram presos e pacíficos nas moradas de suas casas, debaixo de meu pé esquerdo, assim como as palavras de São Marcos e São Manso são certas, diz: filho, pede o que quiserdes que serás servido, se na casa que eu pousar, se tiver cão bravo, retire-se do caminho, que coisa alguma se mova contra mim, nem vivos nem mortos e batendo na porta com a mão esquerda desejo que imediatamente se me abram as portas.

Oração de São Bento Para Fechar o Corpo

Valha-me a preciosa cruz do Senhor São Bento e as preciosas letras que só encerram dentro de poder, valia e merecimentos. Eu (Fulano), sempre livre, hei de ser de fogo, feno, de ares, de feitiço; de pestes ede bichos peçonhentos, pois tenho para minha defesa Jesus Cristo e o Senhor São Bento. Na Arca de Noé me meto, com a chave de São Pedro me fecho, comas três pessoas da Santíssima Trindade me acompanho. Padre, Filho e Espírito Santo. Amém. Um Padre Nosso, uma Ave Maria e São Bento.

A Cruz de São Bento

Poderoso Instrumento Para Afastar o Mal

ORAÇÃO:

Oração ao Redentor

Jesus, meu Redentor, em vossas mãos, Senhor, encomendo a alma deste servo, para que vás, Salvador do mundo, a leveis para o céu na companhia dos anjos.

Jesus, Jesus, Jesus seja contigo para que te defenda; Jesus esteja na tua alma, para que te sustente; Jesus esteja diante de ti para que te guie; Jesus esteja na tua presença para que te guarde; Jesus, Jesus reina, Jesus domina, Jesus de todo o mal te defenda. Esta é a cruz do Divino Redentor: fugi, fugi, ausentai-vos, inimigo das almas, remidas com o sangue preciosíssimo de Jesus Cristo.

Jesus, Jesus, Jesus, Maria, Mãe de Graça, Mãe de Misericórdia, defendei-me do inimigo e amparai-me nesta hora. Não me desampareis, Senhora, rogai por este vosso servo (fulano) a vosso Amado Filho, para que com vossa intercessão saia livre do perigo de seus inimigos e das suas tentações. Jesus, Jesus, Jesus: recebei a alma deste vosso servo (fulano); olhai-o com olhos de compaixão, abri-lhe Vossos braços, amparai-o, Senhor, como a vossa misericórdia, pois é feitura de vossas mãos, e a alma imagem vossa.

Jesus, Jesus, Jesus: De vás, meu Deus, lhe há de vir até o remédio; não lhe negueis a vossa graça nesta hora, pois eu (fulano), vos chamo, ó Deus Poderoso, para que venhais sem demora receber esta alma nos vossos santíssimos braços; vinde em seu socorro, assim como viestes em socorro de Cipriano quando estava em batalha com Lúcifer.

Jesus, Jesus, em vossas mãos, meu Deus, ofereço e ponho o meu espírito, que justo é que torne a Vós o que de Vós recebi; sede, pois, por nossa alma, justo e salvai das trevas.

Defendei-a, Senhor, de todos os combates, para que eternamente vá contar no céu as vossas infinitas misericórdias. Misericórdia, dulcíssimo Jesus; misericórdia, amabilíssimo Jesus; misericórdia e perdão para todos os vossos filhos, pelos quais sofrestes na cruz. É, pois, justo que nos salvemos. Amém.

PARTE VII

PRECES E CONJUROS DIRIGIDA A EVOLUÇÃO ESPIRITUAL PARA AQUELES QUE BUSCAM PROGREDIR NO CAMINHO DA FÉ

Para Fechar o Corpo a Todos os Males

Antes de iniciar a oração, quem for rezá-la deverá fazer em tom baixo, em primeiro lugar, um Credo. Depois, segure em sua mão direita uma chave, se for em caso de doença, faça o Sinal da Cruz Cabalística na testa da pessoa (ou em si próprio, se estiver clamando por você) para quem você vai rezar, outra cruz na boca, e por último, uma cruz no peito, as cruzes deverão ser feitas (traçadas) com a chave.

"Senhor Deus, Pai Misericordioso, Onipotente e Justo, que enviastes ao mundo o Vosso Filho, Nosso Senhor Jesus Cristo para a salvação nossa, atendei a nossa oração, dignando vos ordenar ao espírito mau ou aos espíritos, que atormentam este vosso servo (dizer nome da pessoa), que se afastem daqui, saiam do seu corpo! Entregastes a São Pedro as chaves dos céus e da terra dizendo-lhe: O que ligardes na terra será ligado nos céus, o que desligardes na terra será desligado nos céus."

O oficiante com a chave na mão direita faz um sinal no peito da pessoa – ou em seu próprio – como se estivesse fechando uma porta.

"Em vosso nome, Príncipe dos Apóstolos, Bem-Aventurado São Pedro, o corpo de (dizer o nome da pessoa). São Pedro fecha a porta desta alma para que nele não penetrem os demônios. São Pedro fecha a porta

desta alma, para que nela não entrem os espíritos das trevas. Os poderes infernais não prevalecerão sobre a lei de Deus, São Pedro fechou, está fechando. De agora em diante, o demónio não poderá mais penetrar neste corpo, templo do Espírito Santo. Amém!"

**Sinal da Cruz*

Orações em latin:

"Vade retro Satanás! In Nomini Yahua! (Rezar um Credo, um Pater-Noster, e uma Salve-Regina).

Bibliografia

ANÔNIMO. São Cipriano – O Bruxo – Capa Preta. Pallas.

MOLINA, N.A. São Cipriano – Feiticeiro da Antioquia. Editora Espiritualista.

VIZEU, Adérito Perdigão. São Cipriano (Capa Preta) Antigo e Verdadeiro Livro Gigante de São Cipriano – Extraído do Flor Sanctorum.

EDITORA
ROCHAVERÁ

Rua Manoel Dias do Campo, 224 – Vila Santa Maria –
São Paulo – SP - CEP: 02564-010

Tel.: (11) 3951-0458

WhatsApp: (11) 98065-2263

comercial@editorarochavera.com.br

Instagram: @LivrariaRochaverá

www.editorarochavera.com.br